Yves COURAUD

Les Epars

Poèmes

Epar : (n.m) : a) Pièce de bois fermant une porte.
　　　　　　b) Entretoise maintenant un écartement.

Epars : (adj. qual) : Dispersé.

© Yves Couraud 2020.
Edition: BoD-Books on Demand
12/14 rond-point des Champs Elysées,
75008 Paris
Imprimé par Books on Demand GmbH
Norderstedt, Allemagne
ISBN: 9782322208586
Dépôt légal: Juin 2020

A Cécile

Du même auteur

Poèmes

Les Céciliennes (Les Presses du Lys -1976)
Memora (Les Presses du Lys -1977)
Les Chimères Intérieures (Les Presses du Lys -1979)
Cris d'Horizon (Les Presses du Lys -1979)
Etoiles et Tripôt (La Presse à Epreuves -1982)
Divergences (La Lune Bleue, éditeurs -1986)
Textes Poétiques 1974-2002 (Le Manuscrit - 2002)
Mush, (D'Ici & d'Ailleurs - 2009)
Ecrits poétiques (B.O.D-2019)

Nouvelles

Huit Nouvelles d'Ailleurs (Le Manuscrit - 2001)
Historiettes (B.O.D - 2009)
Échafaudages (B.O.D -2010)
Nouvelles (BOD-2020)

Romans

Demain Paradis (Éditions du Cavalier Vert-1997)
Une Écriture Américaine (Éditions du Cavalier Vert - 1999)
Cinq Siècles (Éditions du Cavalier Vert - 2001)
Le Guerrier Souriant (Éditions du Cavalier Vert - 2004)
Un jour, le lac (B.O.D - 2013)
Le sourire de la colline (B.O.D-2018)

Théâtre *(avec Arnaud DEPARNAY)*

Transhumances (TheBookEdition - 2010)

MIETTES

Miettes
Du pain des pages.

    Miettes
    Des mots
    Qui te soulagent.

Miettes
Des maux,
Qui sous l'âge,
N'ont cure
Du pain des pages.

LES ATTENDUS

Qui sont-ils ceux là
les yeux grands ouverts
mains tournées sur le monde
pieds debout dans la terre

tirés de leur sommeil
ils tracent sur les nuits
des zébrures au feu clair
pourfendant les matins

en éveil l'œil ouvert
leurs ventres sont féconds
d'utopies à venir
et d'amour non marchand.

ils gisent debout
les doigts sur leur lame
tranchant les nuits sombres
comme miche de pain

les attendus.

TEMPUS FUGIT

Et tout ce temps qui passe
et repasse
m'enlace
laisse des traces
et tous ces passe-temps
qui croquent les moments
cloquent en surface
les douleurs fugaces
les brûlures des heures
à la croisée des ans
les instants de bonheur
qui partent en dansant
les secondes qui parsèment
ton monde
toi tes théorèmes
ta terre ronde
tu viens à l'évidence
de te rendre lucide
sacré gorgée d'acide

tes transparences fulminent
comme des vers luisants !

DE BOEING ET D'AZUR

Tous ces Boeing sauvages
qui craquent les nuages
balafrent les rayons
des brumes kérosène

le ventre blanc de honte
ils pourvoient à la vente
d'inutiles besoins
et mille pieds plus bas
l'océan n'en a cure.

Il laisse faire.
Sa profondeur rigole.

PARTICULE

Toujours présente
déjà ailleurs
ton regard seul
en modifie le temps
et trouble son espace

accrochée à son ombre
et fuyant le soleil
elle est lumière et onde
fluide simple
inaccessible et là

les logiques glacées
et les raisons carrées
glissent
sans la rattraper
elle est déjà ailleurs

avant après hier demain
elle n'a cure des moments
et se moque de l'histoire
elle croque les instants
toute emplie des mémoires.

CAFE ANGLAIS

J'ai dans la tête
toute la mélancolie du monde
j'énumère en série
le chant des baleines
et les rêves anciens
la clarté des nuits jaunes
sous des lunes énormes
les battements de cœur
au croisement des yeux
les vérités manquantes
et les mensonges pieux.
j'énumère en série pour ne rien oublier
un rond dans le café
que trace la cuillère
qui me revient aux lèvres
Fort et mauvais
comme du café anglais.

POEME DE LA COLLINE

Buée vitre d'hiver
trouble vue
effacée d'un revers
pouce nu

au delà de ce verre
les promesses sont crues
sortir sortir
au froid soyeux de l'air
s'empêcher la retenue

le soleil rit de ses éclats
reflets dans la glace
d'écorce de bouleaux
fixés par une eau dure

sept tours tu feras
accompagné du soleil
sept tours de froid
pour voir des merveilles.

HAIKU 1

Attente de la pluie
jour parfait à l'intérieur
la goutte est tombée.

HAIKU 2

A la trace du vent
se suspend la lune
au prunier sa prune.

HAIKU 3

Banquet d'amour peau
sur toi voyagent mes doigts
long périple chaud.

CAP NORD

Des soleils de huit mois
écorchent leurs bavures
à des rochers géants
tailladés au profond
par les flashs imagés
d'un beatnik rêveur.

Dormir aux étoiles
c'est l'impossible fait
d'une aurore boréale
à la brume étirée.

J'ai capté la couleur
de visions incolores
et les murmures salés
d'un vent qui souffle au nord.

HAIKU 4

Empreinte infime d'une émotion d'un gramme.
Flocon de trop
et l'avalanche craque.
Trace qui dure.

HAIKU 5

Attrait du pauvre pour l'opulence
Attrait du riche pour le restreint
Attrait de l'homme
Pour son contraire.

STELLAIRE

Repartir vers les étoiles.
D'où nous venons.
D'un temps lointain dont la mémoire
cachée dans nos cellules
rejaillit en rêves.
Quelques rares instants.

SOUFFLE

Le ciment du monde
a oublié sa colle.
Alors
souffle dessus très fort
très fort avec douceur,

les épars se rejoignent
os brisés d'une jambe
bien plus solides après.

CHANTS REVOLUS

Et des chants révolus
oubliés de la terre
suspendent leurs fantômes
aux herbes des prairies.

J'écoute au raz des brins
leurs anciennes musiques
elles chaloupent les heures
en balançant des swings.

Ils passent de porte en porte
laissant au creux des doutes
d' incertaines langueurs
et des ancrages doux.

HAIKU 6

Volute du cigare.
Elle frôle
un esprit qui s'égare,
drôle de masque
au sein des épars.

PERSISTANCE

Crépitent les doux feux
des lucioles d'orage
celles des creux de l'histoire
ou bien du fond des âges

Tous les feux du savoir
ouverts devant le temps
tiennent aux coups de boutoir
souples mais fermement

et les pensées obscures
toutes les croyances dures
dissolvent dans l'azur
leur jus de pourriture.

CREDO

Décalcomanie des évidences
si les cheveux blanchissent
les esprits se renforcent.

Accepter les transcendances
les goûts forts des matins bleus
et les sucres de l'amer.

Ne jamais blesser les âmes
ne jamais baisser les armes.
Hormis par Amour.

*Achevé d'imprimer au mois de juin 2020
par Books on Demand GmbH, Norderstedt, Allemagne.*

LE JARDIN DES COULEURS

Lydia MONTIGNY

LE JARDIN DES COULEURS

…Couleurs "Poésies"

© 2019 Lydia MONTIGNY

Éditeur : BoD-Books on Demand
12-14 rond-point des Champs-Élysées, 75008 Paris
Impression : Books on Demand, Norderstedt, Allemagne

ISBN : 978-2-3221-8926-7
Dépôt légal : Novembre 2019

Livres précédents :

- *Dans le vent* (VII 2017) BoD
- *Ecrits en amont* (VIII 2017) BoD
- *Jeux de mots* (VIII 2017) BoD
- *Etoile de la Passion* (VIII 2017) BoD
- *As de cœur* (XI 2017) BoD
- *Pensées éparses et parsemées* (XI 2017) BoD
- *Le Sablier d'Or* (XI 2017) BoD
- *Rêveries ou Vérités* (I 2018) BoD
- *Couleurs de l'Infini* (II 2018) BoD
- *Exquis Salmigondis* (V2018) BoD
- *Lettres Simples de l'Etre simple* (VI2018) BoD
- *A l'encre d'Or sur la nuit* (IX2018) BoD
- *A la mer, à la Vie* (XI2018) BoD
- *Le Cœur en filigrane* (XII2018) BoD
- *Le Silence des mots* (III2019) BoD
- *La Musique mot à mot* (IV2019) BoD
- *Les 5 Eléments* (V2019)BoD
- *Univers et Poésies* (VIII2019) BoD
- *Les Petits Mots* (X2019) BoD

La couleur de la vie
Est dans la modestie
De trouver le bonheur
Mille fois en une heure...

Les couleurs de la vie
Sont celles d'ailleurs et d'ici,
Sur la peau, dans le cœur,
Le sang n'a qu'une couleur...

VERS TON ARC EN CIEL

Tu marches en titubant
Sans suivre la ligne...
L'ivresse du temps,
Plus qu'on ne l'imagine,
Te prend dans ses bras,
T'étouffe parfois
Ou te jette là
En plein désarroi...
Tu te relèves alors,
Tu te relèves encore...

Tu t'en vas en trébuchant,
L'équilibre t'attend,
T'étourdit un instant
Dans le soleil blanc.
Tu tournes sur toi-même
Dans cet air de bohème,
Le sel de la pluie
Sont tes larmes mon ami...

.../...

…/…

Tu suivras ton instinct
La nature est ton destin ;
Le soleil reviendra
Et enfin tu t'envoleras
Libre et heureux,
Léger et amoureux,
Petit papillon couleur de miel
Vers ton arc en ciel..

S'il fallait inventer

une saison

Ce serait celle de vivre

l'instant présent,

Passionnément,

Intensément,

Tout le temps...

SUR LA PLAINE

Sur la plaine immense
Dort le silence...
Je n'ose respirer
De peur de le froisser,
De le voir s'envoler
Dans l'air azuré...

Mon âme doucement
Marche à pas d'enfant
Vers le lac où s'est baigné
Le reflet de l'éternité.

Dans ce calme absolu
Le temps n'existe plus,
Mes peurs ont disparu,
Mes incertitudes, fondu...
La vie m'a émue...

.../...

…/…

Des gouttes de lumière
Coulent comme des prières,
Comme la douceur du lait
Sur le rocher sacré…

J'écoute dans le vent
Le grand aigle planant
Sur la steppe si verte,
Sur ma vie découverte…
Le temps parle au présent
Et au futur s'éveillant…

Un ABRICOTIER ?

C'est un refuge pour garder...

... la pêche !...

LE BERGER

Il a construit sa maison
Pierre par pierre
Les choisissant avec passion
Avec attention, avec raison.
Alors il s'y abritait
Veillant sur ses moutons,
Les comptant un à un
Du printemps à l'hiver
Traversant les saisons
Avec noblesse et compassion.
L'humilité sur son chemin
Etait le plus doux parfum.
Il vivait avec son chien, loin
Des hommes et de leurs desseins
Au jour le jour de ce présent
A la force de ses sentiments
A la sagesse de son instinct.
Et le berger s'en est allé
Vers les plaines, les vallées.....

Il y a quelque chose de lent

Mais sublimant, rassurant, élégant

Dans le pas ondulant

D'un éléphant...

REFLETS D'UNE AME

Passent les jours, passent les mois,
Si tu n'es plus vraiment ici
On ne peut croire que t'es là-haut...

Toute cette vie a tes empreintes
Et les Hier nous tiennent chaud.
Les souvenirs sont toujours là,
Au fond du cœur, dans un sourire,
Même le vent dans sa complainte
Porte des mots à l'infini
Comme pour répondre à nos soupirs
Justes regrets devant le Temps
De n'avoir eu assez de temps
A partager tout simplement...

Les promenades et leurs chemins
Garderont le bruit de tes pas
Même la mer ici ou là
Jamais ne les effacera ;
Plantes et fleurs dans le jardin
Portent la trace de tes mains...

.../...

…/…

Demain au bord de la rivière
Nous viendrons faire une prière
Ou juste un Bonjour, et deux mots,
Un grand Merci comme un Cadeau
Et le regard plongé dans l'eau
Peut-être entre les nuages
Se reflétant là, bien sages
Nous t'y verrons enfin Là-haut…

Si le temps mange la Vie

Prends le temps

De la croquer...

Passionnément !

NE PAS FERMER !

Je respire l'air glacé
De ce vent acéré
Et me laisse glisser
Sur le sol enneigé

Tu souffles doucement
Pour oublier le temps
De cet enfermement :
L'ascenseur est si lent...

Il ruisselle de peur
D'entrer dans cette demeure
Taillée à coup de pioche
Profondément dans la roche

Fermement nous tenons
Les draps sous le menton
Afin que sur le nez
Ils ne viennent se poser

                                                  .../...

…/…

Comme les souterrains
Te font trembler les mains,
Cette peur d'étouffer
Ne peut se raisonner…

Ils suffoquent, se bloquent,
Et du vide, s'en moquent,
Ce vertige dans le cœur,
S'évanouit dans ta lueur…

Hier

Ne ternira pas notre

Demain

Mais fleurira notre

Chemin…

TIMIDE PRINTEMPS

Un bouton de rose
Murmure ton aveu,
Timide amoureux,
Et son parfum se pose
Sur la robe fleurie
De l'instant attendri...
La tiédeur du printemps
Doucement se répand
Et l'effluve du temps
S'envole en chantant...

SOUVENIR D'ENFANCE

Elle s'en va sur le chemin
Bordé de thym, de lavandin,
Sautillant dans le matin
Une fleur à la main...

Elle passe devant l'école
Qui jadis, était sienne ;
Dans la cour, le grand chêne
Se souvient des heures folles
Où ses jeux inventés
N'étaient jamais notés....

Comme elle aimait ce vent
Sur son visage d'enfant
Ou dans ses longs cheveux
Au brun chaud et soyeux,
Il savait emporter
La cloche qui sonnait,
Ses promesses de bonheur
Au prénom si rêveur...

.../...

…/…

Elle s'en va sur le chemin
De souvenirs et de parfums,
Souriant à la lueur
Du matin sur son bonheur,
A cette ode à la vie,
A ces pas avec lui….

Le jardin des fleurs

Le jardin des pleurs

Le jardin du bonheur

L'arc en ciel est à l'heure

LE BONHEUR ESSENTIEL

Tendre la main
Dans l'air frais du matin
Pour que s'y pose mon destin
Simple, heureux, serein...

Poser un pied
Sur le chemin escarpé
De la montagne élevée...
L'air y est si léger!

Ouvrir les bras
Pour te serrer contre moi
Et la couleur des fleurs
M'enveloppe de douceur...

.../...

.../...

Gravir sans céder
Le bois des escaliers
Et profondément respirer
Le parfum de la liberté...

Rire aux éclats du soleil
S'enivrer du vol des abeilles
Cueillir une goutte de miel
Vivre !... Le bonheur essentiel

LE BOUQUET

Elle a fait un joli bouquet
De feuilles multicolores
Aux rondes lettres d'or,
De plumes évadées
D'encriers assoiffés,

Un bouquet de paroles
D'honneur qui s'immole
En-vers et contre tout
En vent debout tout fou

Elle a fait un bouquet
De fleurs pour adoucir
La Terre et l'Avenir,
D'élixir pour obéir
Au plaisir de rugir,
De dormir avec le sourire

                                      …/…

…/…

Un bouquet en souvenir
De ce que tu viens de lire
Tu ris et le respires
Je voudrais te l'offrir. .

MULTICOLORES

Un siècle de plus
Pour voir enfin la Terre
Vivre et rouler dans l'air
Sans peur et sans guerre
Aux couleurs de l'Univers...

Un an de plus
Pour apprendre à parler,
Savoir les mots du monde entier
Et puis te les dire
Avec l'accent, te faire rire

Une semaine de plus
En inventant un jour
Au secours de l'humour
Pour jouer et recréer
Tous les jeux oubliés

                                                                      ...*/*...

…/…

Une minute de plus
A te regarder en silence
Traverser avec élégance
Les secondes intenses
De nos multicolores existences…

L'ETE

L'été s'épuise déjà
Nous abandonnant là
Dans les premiers frimas
Arrivant à petits pas...

Le soleil un peu plus bas
Plus vite disparaîtra
Et la valse des hirondelles
S'envolera dans le ciel
En gazouillis joyeux
Comme ultime adieu...

L'été touche à sa fin
Et les vignes feront le vin
De mille et un raisins,
De sublimes parfums.

.../...

…/…

Les cloches sonneront
Les écoles bourdonneront
Tant de belles récitations
Et de tables de multiplications !

L'été doucement expire
Les derniers rêves s'étirent
Laissant place aux souvenirs,
Et les larmes aux fous rires …
Alors nous verrons poindre au loin
Les couleurs de l'été indien…

JE DEVINE

Je devine
La couleur du vent
Sur les lavandes d'antan
Ondulant sur le drap blanc
Qui sèche doucement...

Je devine
La douceur de ta voix
M'entraînant dans tes pas
Et le calme de mon corps las
Serré contre toi

Je devine
Le secret des diamants
Que sont les rides du temps,
Et l'éclat du soleil blanc
Sur ton âme d'enfant

.../...

…/…

Je devine
La légèreté de l'oisiveté
Et l'harmonie de ta pensée,
La transparence bleutée
De ce rêve inachevé

Je devine
Ta force et ta faiblesse,
Ton sourire qui me caresse,
Et la lueur de ta tendresse…
Pourvu que jamais ne disparaisse
La couleur de ce temps…

Fleur des villes
Fleur des champs,
Tu seras mon île
Au printemps,
Une pluie de lumière
Ou cette jolie rivière...

Fleur solitaire
Ou champêtre, fière,
Fleur de lys
Ou myosotis,
Dessine-moi une fleur,
De bonheur, épanouie
Et son parfum de douceur
Sera notre harmonie...

CONTINE DE L'ARAIGNEE

Cette histoire nous est contée
Par Ernestine, l'araignée.
Très tôt dans la matinée
Avant que le soleil ne fusse levé
Il commença, mal réveillé,
A mettre ses souliers.
Quel désordre ! Il s'agaçait
D'avoir emmêlé les lacets,
Il tournait, roulait, virait,
La tâche était compliquée
Et le petit jour arrivait...
Il lui fallait se presser
Et vite se chausser
Puis traverser la forêt
Pour aller travailler...
A force de courage avéré
Et de l'aide de l'araignée
Qui lui nouait ses lacets,
Il était fin prêt, et apprêté.
Et là, le coq se mit à chanter !
Alors saluant son amie l'araignée
Et partant du bon pied,
En cadence et heureux il s'en est allé
Le mille-pattes aux beaux souliers...!

SIMPLE

Simple,
Comme un oiseau
Dans le matin
Amusé par le refrain
Du vent dans le roseau

Simple,
Comme la douceur nue
De mon corps étendu
Sur la plage inconnue
Attendant ta venue

Simple,
Comme un silence grandiose
Sur un bouton de rose
Où la rosée dépose
Des perles rondes et roses

.../...

…/…

Simple,
Comme un regard sincère,
Les mots de ta voix claire,
La transparence de l'air,
Une ligne imaginaire.
Tout simplement…

APPRIVOISE-MOI

Apprivoise-moi

Comme un lion, comme un chat,
De mon ronronnement doux
Murmuré dans ton cou,
Doucement je t'endormirai
Et ne te grifferai pas
Si la confiance est là.

Apprivoise-moi

Comme un ours, comme un loup
Piégé par l'amour fou
Et qui hurle à la lune
Les messages des runes ;
Si l'instinct est la liberté
Ma loyauté saura te protéger

.../...

…/…

Apprivoise-moi

Comme un vertige du temps,
La vie sauvage de cet instant,
Comme une étoile qui attend
Ton vœu silencieusement......

LES CHEMINS

Il y a des chemins
Qui partent si loin
Que les pas faits droit devant
Croisent tous les vents,

Des chemins de lumière
Pieds nus dans les pierres,
Où je marche près de toi
Vers ce beau n'importe où
Sur les mains ou les genoux
J'irai jusqu'au bout

Il y a des saisons
Pleines d'émotions
Où neigent les fleurs,
Bouillonne le bonheur,
Coule l'harmonie,
Explose l'infini...

…/…

…/…

Rendez-vous à cet instant
Surtout n'importe quand
Le temps attend déjà…

Il y a des mots intenses
Des mots tus que l'on pense
Des idées folles, des idéaux,
Inventés mais pas faux,
Ceux qui naissent dans nos mains
Et s'écrivent demain

Les mots lus dans tes yeux
Et dans leur parole bleue
Tout mais pas n'importe quoi
L'essentiel est en toi…

Il y a des jardins
Dans le calme du matin
Où tu viens respirer
Cette douceur, les yeux fermés,
Et parfois rechercher
L'amour dont tu as rêvé.

                              …/…

…/…

Il y a ce n'importe qui
Ignorant ce n'importe comment,
Mais peu importe, tu es celui
Qui vit dans ma vie …

APRES LA PLUIE

J'ai dessiné un cœur
Sur une pomme dorée,
Les chiffres des heures
Sur la Terre bleutée,
Un petit ours brun
Sur un joli galet,
Une plume sur le satin
De ton rêve éveillé...
Et la pluie est tombée,
Les dessins ont fondu
Mais l'arc en ciel a dessiné
L'amour sur ma vie nue...

LE LIVRE DES SAISONS

Les pages du Printemps
Frémissent doucement
Puis explose en fleurs
Sous l'encre du bonheur...

Le soleil de l'Eté
Vient bercer et dorer
Les lettres qui dansent
Lorsqu'à elle, tu penses....

C'est déjà l'Automne
Qui s'effeuille et ronronne,
Mais sous la couverture
Se cache le futur

.../...

…/…

Dans le froid de l'hiver
Se cristallisent les vers
Et je serre contre moi
Les mots brûlants pour toi

Dans ce grand univers
Il manque une saison
Prends ma main et partons
Voir le monde à l'envers !

UN SI JOLI JARDIN...

Quel méli-mélo de fleurs
Et camaïeux d'odeurs,
Des tendres myosotis
Aux géants volubilis,
Des roses mauves
Aux mauves roses,
Et sur la sauge éclose
L'abeille se pose....

Il y a dans un pin,
Tissé brin à brin,
Un petit nid douillet
Où viendront gazouiller
Les chardonnerets élégants
Ou bruants ortolans,
Les troglodytes mignons
Ou les joyeux pinsons...

.../...

…/…

Tout se mêle et s'exprime
Dans cette vie sublime,
Et tu dégustes tout
Dans les parfums et les goûts,
Une gourmande délectation
Dans la beauté des sensations…
C'est un voyage dans ce jardin
Subtil et clandestin..

LES QUATRE SAISONS

L'Automne
De son chapeau de feuilles,
Salue l'écureuil
Et les bancs oubliés
Des rêveurs fatigués

L'hiver
De son bonnet glacé,
Etoile les lacs figés
Et pose ses blancs flocons
Sur les rires et les frissons

Le Printemps
Tresse de belles fleurs
Couronnant de bonheur
Les petits nids où les œufs
Chanteront des airs joyeux

        …/…

…/…

L'Eté
Sous son chapeau de paille
La sieste molle baille
Et le chant des cigales
La berce, sentimental…

Dans le ciel de tes yeux

Je serai l'hirondelle

Tournoyant dans le bleu

De ta vie aquarelle...

FANTAISIE

Par-dessus les grands champs
Ondule doucement le vent
... Fantaisie...
Et cette mer végétale
S'enroule en grosses balles

Par-dessus la forêt
La buse vient glisser
...Mélancolie...
Epiant du regard
Le moindre petit lézard

Par-dessus les pierres
Chante la rivière
... Harmonie...
Eclaboussant les fougères
De ses gouttes de lumière

.../...

.../...

Par-dessus le monde
Mon âme vagabonde
...Insomnie...
Par-dessus la vie
Mon envie de vivre, infinie...

JE VOUDRAIS INVENTER...

Je voudrais inventer
Des forêts bleues et or,
Des rivières de liberté
Et des musiques multi colores...

Je créerais aussi
Un animal qui sourit
Des langages universels
Des livres avec des ailes,

Des maisons qui s'allument
Sous la caresse d'une plume,
Et pourquoi pas des sons
Pour dire "merci", "bonjour", "pardon"....

.../...

.../...

Je voudrais inventer encore
La force d' « être encore »
La volonté qui s'étire
Et résiste au soupir

Je voudrais inventer
L'instant où viendra éclore
L'amour comme un trésor
Dans tes yeux émerveillés...

MUSIQUE AU JARDIN

Une musique se cachait
Dans mon petit jardin.
Elle parut un matin
Et les sons s'animèrent...

Une note sortit
D'une belle ancolie,
D'une pivoine rose
Et d'une rose morose.

La libellule alla
Réveiller le dahlia,
Puis un "la" s'envola
D'un lilas lilas.

.../...

…/…

Ah ! Un "si" se hissa
A la cime d'un cassia
Quand le « fa » se faufila
Dans les fleurs du freesia…

Le "mi" piaillait au nid
Résonnant jusqu'au puits
Le "do" du fond du seau
Pleurait le "sol" en solo…

Il a plu sur le jardin,
Divines gouttes pour un refrain
Et l'arc en ciel quitte ma main
Pour s'élancer vers ton demain…

OU...

Je t'ai cherché...
Dans les montagnes mutines
Où la cime
Des grands arbres sublimes
Touchent le ciel marine,
Où les grands aigles
Caressent de leurs ailes
Les rêves sages
Et les chants d'orages...

Je t'ai cherché
Sur les lacs sauvages,
Les torrents d'orpaillage,
Les fleuves puissants,
Sur tous les océans
Par tabor et tribord,
Jusque dans tous les ports
Sur chaque bateau,
Et dans les phares si hauts

.../...

…/…

Je t'ai cherché
Dans cette vie infime
Où l'amour prend racine,
Où l'espoir se devine
Dans courage ultime,
Dans un parfum de fleurs
… Je t'offre mon Bonheur…

C'est dans les yeux

où sont les plus beaux paysages

Que l'on fait

les plus beaux voyages

CHANSON DU JARDIN

1 : c'est un grand cyprès
Aux reflets bleutés
Où viennent nicher
Deux chardonnerets...

2 : C'est un escargot
Tout mouillé, tout beau,
Glissant sur un ruban
Si doucement...

3 : c'est la roseraie
Roses rouge-vrai
Irradiant les allées
De leurs suaves pensées

.../...

…/…

4 : et voici le lutin
Adorable et malin
Venant chanter le refrain
En tapant dans ses mains

Refrain :

Un arrosoir d'espoir
Dahlia, glaïeul, iris noir,
Au jardin de demain
Gentiane, jacinthe, jasmin,
Donnez-vous la main !
C'est la chanson du jardin…

BALLADE AU JARDIN

Je songe à tes pas
Se posant lentement
Dans cette longue allée
Où se penche l'azalée.
L'air ondule de parfums
Et l'ombre de ta main
Caresse la lumière...
Le temps ne peut rien faire
Pour voler ce bonheur
Ni même ce sourire
Fleurissant de me lire...

MANGATA

Je suis ce mot
Qui n'existe pas
Dans ce monde-là,
Vivant, vibrant,
Étonnant, troublant ...
Il est le chemin
De la lune,
Le reflet de sa lueur
Sur le calme de l'eau.
Le sage peut le suivre,
Le fou, y marcher...

Il est cet instant
Ressemblant
A un printemps
Où les fleurs
Sortent de Terre
De cailloux et poussières,
C'est le miracle de l'eau
La force à nouveau
La rage de survivre
De se relever et de vivre

      .../...

…/…

Je suis ce mot
Que tu aimes tant,
Le son de mes pensées
Sur la partition
Du jour qui se lève,
Un mot naissant
Dans un cri
Un reflet qui s'écrit
Sur l'onde de la vie
Dans l'irréelle poésie…

PAYSAGE INTERDIT

Dans le froid de la nuit
Je rêve l'impossible.
Les flocons de ma vie
Couvrent l'instant paisible,
Mon corps est immobile,
Invisible, inutile.
L'air de ce bleu sombre
Flotte dans le bruit
De la lune qui vient fondre
Au pied de mon lit.
Je brûle de penser
A la douceur exquise,
A la douleur promise
De l'interdit volé.
Je rêve d'un paradis,
Un paysage dans la nuit
Dans le froid des étoiles
Qui brilleront demain...

JOURS EN FLEUR

Lundi
J'ai cueilli
De jolies ancolies

Mardi
Près du puits
A fleuri le millepertuis

Mercredi
Sous la pluie
La phacélie se fit facétie

Jeudi
Après l'accalmie
Je tressai le kalmie

Vendredi
Lilas et lychnis
Se liaient sans soucis

.../...

…/…

Samedi
S'épanouit si joli,
L'oiseau du paradis

Dimanche
Elle se penche en une révérence
Pour t'offrir une rose blanche

AQUARELLE SUCREE

Un matin de juillet
Je m'étais installée
Sous la grande tonnelle
Pour faire une aquarelle...

La longue allée s'en allait
Blanche comme le lait
Sous les perles de rosée
Immobiles, irisées...

Au pied du lilas mauve
Dormait une guimauve
Attendant que l'abeille se pose
Pour que ses fleurs éclosent

Voici le svelte calla
Framboise ou cola,
Un arum au bon arôme
Dans un délicat cône

                                                .../...

…/…

En face du vieux banc
Le camélia attend
Une dame aux cheveux blancs
Ne comptant plus le temps

En ce jour de juillet
Le soleil s'est levé
Sur l'aquarelle inachevée
Et mon rêve s'en est… allé…

Dans un puits de lumière

J'ai puisé ma prière

Pour que ta vie toute entière

S'illumine dans l'air...

LA FORET

Au bord de la clairière
Où filtre la lumière,
Je marche dans le vert
De ces longues fougères...

Les feuilles frissonnent
Le vent s'abandonne...

Un chêne centenaire
Regarde sur son tronc
Gravées par une pierre
Les lettres d'une passion...

La forêt est inquiète,
Le hibou tourne la tête...

.../...

.../...

Je m'allonge sur la mousse...
Une rêverie douce
M'envahit de ses couleurs,
De lueurs de bonheur

La rivière coule, distraite
Le temps s'arrête....

IRIS

Je suis un Iris
Mauve, majestueux,
Ondulant, ténébreux
Au milieu des alysses...

On me dit Arc en Ciel,
Le Paradis que la Terre hèle,
D'un bleu espoir, complice,
Ou blanc pur tel le lys...

Je suis un doux oasis
De rêveries et d'abysses,
Et mon parfum se glisse
Du calice à ton esquisse

         .../...

.../...

Si ma sagesse est un caprice
La vie dans ton regard, un délice...
Je suis un Iris
Que les mots tissent...

COULEURS NATURE

J'ai traversé les champs
A pied, en courant,
Verts, jaunes, verts

Ai bondi toute en nage
Dans le torrent sauvage
Blanc, bleu, blanc

Etoiles et cailloux
Éclaboussaient partout
Or, gris, or

J'ai nagé et mêlé
Les ombres et les reflets
Bleus, noirs, bleus

.../...

.../...

J'ai dormi au soleil
Rassasiée de ces merveilles
Rêves, roses, rires...

JE T'ATTENDS

La neige tombe, vole,
D'une maladresse folle,
Le silence absolu
Vocalise en continu,
L'hiver glisse glacé
Sur les étoiles givrées...

Je t'attends...

Un mulot s'aventure
Mais le chat à l'œil sûr,
Les oiseaux sont blottis
Tout au fond de leur nid,
Le jardin s'est endormi
Fatigué et transi...

Je t'attends...

                                              .../...

.../...

Le feu dans la cheminée
Danse, jaune, orangé,
Et me fixe d'un regard
Me figeant dans le soir.
Je ne peux pas dormir,
Le temps ne veut pas finir...

Je t'attends...

J'ai chaud, j'ai froid
La lune éclaire mes pas,
Imperceptiblement
Comme un rêve d'enfant,
L'hiver passera, s'en ira
Bientôt tu seras là

Je t'attends, mon Printemps...

Une feuille vole dans l'automne

Un flocon vole dans l'hiver

Un papillon vole dans le printemps

Un regard vole mon cœur dans l'été…

Je suis venue mendier...

Un rayon de soleil
La danse de l'abeille
Une feuille verte
Et un chapeau de fleurs

Donnez-moi aussi
De jolies tanaisies
Des roses rosies
Mais pas de souci

Je suis venue quérir
De merveilleux sourires
Des mots inattendus
Des souhaits disparus

Et la plume d'un oiseau
Pour faire un monde plus beau
Chatouiller les râleurs
Et effacer tes peurs

                                          .../...

…/…

Je suis venue mendier…

La couleur de la vie
Des paradis enfouis
L'air de la liberté
Tes mains pour te confier
L'amour qui est né…